BEI GRIN MACHT SICH IHR
WISSEN BEZAHLT

- Wir veröffentlichen Ihre Hausarbeit,
  Bachelor- und Masterarbeit

- Ihr eigenes eBook und Buch -
  weltweit in allen wichtigen Shops

- Verdienen Sie an jedem Verkauf

Jetzt bei www.GRIN.com hochladen
und kostenlos publizieren

Sportmarketing für den TSG 1899 Hoffenheim. SWOT-Analyse, Merchandising, Digitalisierung und Sponsoring

G R I N ☺

Bibliografische Information der Deutschen Nationalbibliothek:

Die Deutsche Nationalbibliothek verzeichnet diese Publikation in der
Deutschen Nationalbibliografie; detaillierte bibliografische Daten sind
im Internet über http://dnb.d-nb.de abrufbar.

ISBN: 9783346776143
Dieses Buch ist auch als E-Book erhältlich.

Druck und Bindung: Books on Demand GmbH, Norderstedt Germany
Gedruckt auf säurefreiem Papier aus verantwortungsvollen Quellen

Das vorliegende Werk wurde sorgfältig erarbeitet. Dennoch
übernehmen Autoren und Verlag für die Richtigkeit von Angaben,
Hinweisen, Links und Ratschlägen sowie eventuelle Druckfehler keine
Haftung.

Das Buch bei GRIN: https://www.grin.com/document/1305694

Deutsche Hochschule für
Prävention und Gesundheitsmanagement
Hermann Neuberger Sportschule 3
66123 Saarbrücken

Einsendeaufgabe

Fachmodul: Sportmarketing

Studiengang: Sportökonomie

Datum
Präsenzphase: 26.04.2021-29.04.2021

Studienort: Köln

Semester: 4

Inhaltsverzeichnis

1 SWOT-ANALYSE 4

1.1 Ressourcenanalyse – Stärken und Schwächen 4

1.2 Analyse der Unternehmenswelt-Chancen und Risiken 6

1.3 SWOT-Matrix 6

2 MERCHANDISING UND LICENSING 8

2.1 Wer? 8

2.2 Was? 8

2.3 Wem? 9

2.4 Bedingungen 9

2.5 Kanäle 10

2.6 Begleitmaßnahmen 11

2.7 Zeitraum 11

3 DIGITALISIERUNG 12

3.1 Verein Vorstellung 12

3.2 Zielgruppen und Marketingziele 12

3.3 Inhalt der App Themen und Mehrwerte 12

3.4 Chancen und Risiken 14

3.5 Erhöhung Bekanntheitsgrad und Anzahl der User 15

4 SPONSORING 15

5 LITERATURVERZEICHNIS 17

6 ABBILDUNGS- UND TABELLENVERZEICHNIS 20

6.1 Abbildungsverzeichnis 20

6.2   Tabellenverzeichnis 20

1   SWOT-Analyse

Die Abkürzung SWOT steht für Strength, Weakness, Oppurtunities und Threats. Auf Deutsch bedeutet dies Stärken, Schwächen, Chancen und Risiken. Durch die SWOT-Analyse stellt man schwächen und stärken eines Unternehmens gut dar. Außerdem bietet eine SWOT-Analyse die Möglichkeiten sowohl die Chancen als auch Risiken aufzuzeigen, um eine Analyse der Unternehmeneswelt geben zu können. (Pelz & Döring, 2018 S.137). Nun wird eine Teilanalyse einer SWOT-Analyse für die Turn- und Sportgemeinschaft Hoffenheim 1899 e. V. (kurz TSG 1899 Hoffenheim) durchgeführt.

1.1   Ressourcenanalyse – Stärken und Schwächen

Das Ziel einer Stärken-Schwächen-Analyse ist es, die gegenwärtige und die zukünftige Ressourcensituation zu identifizieren und auf dieser Grundlage geeignete Strategien zu entwickeln (Meffert et al., 2012, S. 239).

Im Folgenden werden sowohl die Stärken als auch die Schwächen des Vereins hervorgehoben. Angefangen bei den Stärken ist herauszustellen das der TSG Hoffenheim durch den Trainer Julian Nagelsmann welcher als Fußballtrainer bereits im jungen Alter seit 2013 eine beeindruckende Laufbahn vorweisen konnte. Zu seinen Erfolgen gehören: 2013/14 und 2014/15 gewann der TSG Hoffenheim und der Führung von Nagelsmann die Junioren Bundesliga Süd/Südwest, im Jahr 2016/17 wurde Nagelsmann als Trainer des Jahres ausgezeichnet. Desweiteren wurde das Team unter Nagelsmann führung einmal Europa Legaue-Teilnehmer im Jahr 2017/18 und viermal Championsleague-Teilnehmer in den Jahren 2017-21 (Transfermarkt 2021). Es stellt sich heraus das die Führung von Julian Nagelsmann eine positive Wahrnehmung in der Fußball Bundesliga geschaffen wird. Außerdem bildet der TSG Hoffenheim starke und junge Nachwuchstalente aus, zu diesen gehören Spieler wie Davie Selke oder Niklas Süle letzterer wurde im Jahr 2021 vom FC Bayern München mit einem geschätzten Marktwert von 37mio. Euro übernommen (Transfermarkt, 2021). Die Transferbilanz des TSG Hoffenheim stellt diesen in einem guten Licht dar, allein durch Ablöse/Verkauf/Abgabe Summen hat der Verein finanziell betrachtet eine sehr positive Richtung in den Jahren 2019/20 eingeschlagen, so konnte der TSG Hoffenheim laut Transfermarkt 121,2mio Euro erwirtschaften. In derselben Saison gab der TSG 53,85mio Euro für neue Spieler aus. Somit hat der Verein 67,35mio Euro Transferplus erwirtschaften können. Dadurch kann man auch wenn in der aktuellen Bundesligasaison keine großen Erfolge erzielt werden können, die letzten Jahre dennoch als durchaus positiv für den Verein gewertet werden. Zu den Schwächen des Vereins zählt die fehlende Tradition vom TSG Hoffenheim. Den Verein TV Hoffenheim gibt es zwar schon seit 1899, (tsg-hoffeneheim, 2021) dennoch wurde durch ständig wechselnde Clubeigner der Name häufig gewechselt und der Ursprungsverein hat wenig mit der heutigen TSG Hoffenheim zu tun. Ihr erstes Bundesliga Spiel hatte der TSG Hoffenheim im Jahr 2008/09(tsg-hoffenheim,2021). Im Vergleich dazu zählt die Eintracht Frankfurt zu den traditionsreichsten Vereinen in Deutschland. Dieser ist einer der Gründungsmitglieder der Bundesliga (Gründungsjahr:1963) und ein Bestandteil der Fußballgeschichte Deutschlands (Eintracht, 2021). Eine weitere Schwäche des TSG Hoffenheim sind die niedrigen Mitgliederzahlen (10.425 laut Transfermarkt, 2021) diese geringe Zahl könnte mit zuvor schon genannter kurzer Geschichte in der Bundesliga des Vereins zusammenhängen. Wenn man sich wieder den Traditionsreicheren Verein Eintracht Frankfurt mit 91.116 Mitgliedern anschaut (Transfermarkt, 2021) zeigt sich das Tradition in der Vermarktung eines Vereins durchaus eine große Rolle spielt. Eine weitere Schwäche spiegelt sich im Investor Dietmar Hopp wider. Dieser ist Mitbegründer des Softwareunternehmens SAP. Die Firma SAP ist Haupt- und Trikotsponsor des TSG Hoffenheim und hat dadurch einen hohen Einfluss auf den Verein. Dietmar Hopp zählt zu den 20 reichsten Bürgern Deutschlands und ihm wird vorgeworfen als Mäzen in das Operative Geschäft des TSG Hoffenheim eingegriffen zu haben. Das Problem hierbei besteht darin des laut der Regel 50+1 ihm nicht erlaubt ist als Investor in genau dieses einzugreifen (Unsere Kurve, 2021). Durch diese Anschuldigungen steht Dietmar Hopp in der Kritik und wird für viele Fans als Sinnbild für die Kommerzialisierung des deutschen Fußballs gebraucht.

1.2 Analyse der Unternehmenswelt-Chancen und Risiken

Bei einer Analyse der Unternehmensumwelt geht es vorrangig darum, Chancen zu erken-nen, welche sich aus Entwicklungen in den Umfeldern des Unternehmens ergeben, und auf Risiken aufmerksam zu machen, welche dem Unternehmen aus seiner Umwelt drohen (Hungenberg, Wulf, 2003).

Der TSG Hoffenheim muss seine Standorte ausbauen. Momentan befinden sich das Grundlagenzentrum, die Akademiearena und das Leistungszentrum entweder in Zuzen-hausen oder in Hoffenheim (tsg-hoffenheim, 2021). Durch mehr Standorte könnte der TSG Hoffenheim auf sich Aufmerksam machen und dadurch junge Fußball begeisterte Jungen/Mädchen schon im frühen alter an den Verein binden. Außerdem könnte man durch mehr Präsenz den eigenen Bekanntheitsgrad erhöhen, es Zeigt sich das je höher die Bekanntheit des Gesponserten ist, umso höher ist das Interesse an Sponsoren (Bagusat, Hermanns, 2012). Dadurch könnte man sich auch weniger Abhängig vom Hauptsponsor SAP machen.

Zu den Risiken gehört der Hauptsponsor Dietmar Hopp. Dieser hatte wie bereits erwähnt ein negatives Licht auf den Verein geworfen. Hinzu kommt das das Dietmar Hopp mitt-lerweile 81 Jahre alt ist, in diesem hohen Alter kann es eher zu Krankheiten oder Todes-fällen kommen. Dadurch kann er auf lange Sicht nicht der Hauptsponsor den TSG Hof-fenheim bleiben. Mit Ihm und dem damit verbundenen Konzern SAP würde eine wichtige Geldquelle fehlen.

Des Weiteren kommt der Verkauf von Spielern des TSG Hoffenheim hinzu. Bei guten Spielern und den damit verbundenen großen Erfolgen des Vereins, kann es leicht dazu kommen das Spiele abgeworben werden. Bei der jetzigen Perspektive und dem durch Dietmar Hopp angekratzten Image des Vereins, ist es ein leichtes für einen Spieler den Verein mit einer besseren Perspektive zu verlassen.

1.3 SWOT-Matrix

S-O-Strategie:

Die S-O-Strategie des Vereines ist zum einen eine langfristige Bindung des Trainers Ju-lian Nagelsmann, dadurch würde der Verein einen langfristigen Erfolg sichern und einen

jungen Trainer welcher bereits viele Erfolge verbuchen kann und dadurch auch internati-
onal Aufmerksamkeit bekommt an sich binden. Außerdem kann sich der Verein noch
weiterhin auf den Ausbau ihrer Jugendabteilungen konzentrieren. Diese sind bereits sehr
Stark und können durch weiteres fördern ausgebaut werden. Der Vorteil für den Verein
besteht darin junge Talente früh zu erkennen und an sich zu binden oder für hohe Ablö-
sesummen weiter zu vermitteln. Dadurch wird entweder der Kader ohne hohe Ausgaben
verbessert oder der Verein Finanziell gestärkt.

W-O-Strategie:

Die geringen Mitgliederzahlen des Vereins stellen eine schwäche dar, die es zu beheben
gilt. Hierfür könnte man mit zwei Methoden vorgehen, zum einen muss das Markenimage
verbessert werden. Durch spenden an Wohltätige Zwecke oder Wohltätigkeitsvereine
könnte der Verein sich selber in ein besseres Licht rücken. Dies könnte einen positiven
Effekt auf die Mitgliederzahlen haben. Der Verein könnte um auch ein jüngeres Publikum
anzusprechen, ihre Eintrittspreise bei Kindern und Jugendlichen Senken, durch einen ge-
ringeren Eintrittspreis könnten Fußball begeisterte Jugendliche/Kinder welche noch keine
Vereinszugehörigkeit haben eher zu den Spielen des TSG Hoffenheim kommen und sich
somit längerfristig an den Verein binden.

S-T-Strategie:

Auch hier muss der Verein weiterhin auf den Ausbau ihrer Jugendakademie setzen. Durch
weiteres Ausbilden junger Nachwuchstalente kann der Kader Kostengünstig verstärkt
werden. Außerdem könnte der TSG Hoffenheim durch lukrative Verträge und hohe Ab-
lösesummen ihrer jungen Spieler dafür sorgen ein Gewinnbringendes Geschäft aufzu-
bauen.

W-T-Strategie:

Hier hat der TSG Hoffenheim wieder zwei große Baustellen. Zum einen muss die geringe
Mitgliederzahl des Vereines verbessert werden. Um dies zu erreichen muss wie bereits
erwähnt das Markenimage verbessert werden und das Interesse junger Fans geweckt werden. Außerdem braucht der Verein weitere Sponsoren da dieser momentan stark abhängig

von Dietmar Hopps und seinem Unternehmen der SAP ist. Um für neue Sponsoren luk-rativ zu wirken, würde auch hier eine Verbesserung des Markenimages sowie eine Erhö-hung der Mitgliederzahl um dadurch mehr potenzielle Käufer der Produkte von den Sponsoren zu gewinnen helfen.

2   Merchandising und Licensing

2.1   Wer?

Im Bezug auf das zu wählende Geschäftsmodell habe ich mich für die Auslagerung be-trieblicher Teilfunktionen entschieden, da der Volleyballverein keine Expertise im Ver-trieb von Merchandise Artikeln besitzt. Bei der Auswahl des Unternehmens zur Herstel-lung von dem Merchandise wird darauf geachtet ein Unternehmen zu beauftragen welche Erfahrung im Bereich der Sport- und Freizeitbekleidung sowie Druck auf Klamotten be-sitzt. Außerdem wird darauf geachtet, dass das gewählte Unternehmen auch Kindergrö-ßen im Sortiment hat um auch die Kooperationspartner sowie Schul-AG's abdecken zu können. Den Vertrieb der Produkte übernimmt der Volleyball Verein, hierzu bieten sich die Clubfeste, gesellschaftlichen Veranstaltungen und die Wettkämpfe an. Da es sich bei dem Merchandise vorrangig um das 30-jährige Jubiläum handelt wird mit dem Merchan-dise Hersteller vorerst eine einmalige Kooperation ohne Mindestbestellwert geeinigt, falls das Merchandise gut anlaufen sollte ist eine Kooperation auf längere Sicht vorstellbar.

Bei der Auslagerung betrieblicher Teilfunktionen werden betriebliche Teilfunktionen ausgegliedert. Es entsteht eine Zusammenarbeit mit Dritten, welche von Vorteil ist, wenn der Rechteinhaber selbst nicht über die zeitlichen, finanziellen und sachlichen Ressourcen verfügt oder ihm das Fanartikelgeschäft zu risikoreich ist.

2.2   Was?

Das Fanartikel Sortiment wird in einer Sortimentarchitektur eingeordnet. Es werden im-mer zwei Artikel pro Sortiment angeführt. Die Artikel werden in Kernsortiment, Zusatz-sortiment und Randsortiment unterteilt. Im Kernsortiment werden Artikel sein welche die

Nähe zum Verein darstellen und bei einem Spiel des Vereins getragen werden können. Hier habe ich mich für ein Fantrikot und eine Fancap entschieden. Der Vorteil hierbei ist das ein Trikot günstig in der Herstellung ist und die Verbundenheit zum Verein klar ausdrückt. Eine Cap hat den Vorteil das sie anders als das Trikot welches bei kaltem Wetter nicht angezogen werden kann größtenteils Wetterunabhängig ist. Eine Cap kann man sowohl an heißen Tagen als auch an kälteren Tagen tragen ohne sich Gedanken darum machen zu müssen ob einem kalt wird. Die Cap wird auf der Vorderseite mit dem Vereinswappen bestickt, bei dem Trikot wird sich zu einem Druck auf der Vorderseite entschieden. Beim Zusatzsortiment wird zu streng limitierten Jubiläumstrikots und Jubiläumsturnbeutel gegriffen. Dieses Merchandise wird nur zu den entsprechenden Anlässen wie in diesem Fall das 30-Jährige Jubiläum verkauft. Sowohl auf den Turnbeuteln als auch auf dem Trikot ist das Vereinswappen bedruckt. Unter dem Vereinswappen wird 30-Jahre stehen. Auf der Rückseite des Trikots steht das Gründungsjahr des Vereins. Beim Randsortiment wird zu Artikeln gegriffen welche keinen direkten Bezug zum Verein haben und in hoher Stückzahl kostengünstig hergestellt werden können. Hierbei habe ich mich für Kugelschreiber und Flaschenöffner welche man an seinen Schlüsselbund befestigen kann entschieden. Bei der Auswahl dieser Gegenstände war es mir wichtig, dass das Merchandise Sinnvoll genutzt werden kann und somit beim Benutzer präsent bleibt. Beide Artikel werden mit dem Vereinslogo verziert. Sämtliche Trikots sowie Caps wird es in verschiedenen Größen von XS-XXL geben, außerdem wird es beim Kernsortiment auch Kindergrößen geben.

2.3 Wem?

Der Verein beschreibt sich selber als sportlich, freundlich und familiär. Es gilt genau diesen Eindruck zu vermitteln und somit vorrangig Sportinteressierte ob jung oder alt anzusprechen. Neben jungen und alten Menschen gilt es auch Fans so wie Interessenten des Vereins anzusprechen.

2.4 Bedingungen

Für die Produkte wird die Premiumpreispolitik gewählt. Aufgrund der Einwohnerzahl (100.000) der Stadt in welcher der Verein sich befindet ist nicht von dem Verkauf hoher Stückzahlen zu rechnen. Zum Vergleich kann man hier den 1.FC Köln ziehen welcher

Rekordverkaufszahlen mit 70.000 Trikots während der Bundesliga Saison 2017/18 in Köln hatte (geissblog.köln, 2018). Dieser Rekord wurde durch ein 70-Jähriges Jubiläum des 1.FC Köln angeheizt (geissblog köln, 2018). Köln ist eine Stadt mit rund 1.000.090 Einwohnern im Jahr 2018 (Stadt Köln, 2018). Also haben von diesen über eine Millionen Einwohner nur knapp 7% ein Trikot gekauft. Da der Volleyballverein nicht damit rechnen kann ähnliche Verkaufserfolge wie der 1.FC Köln zu feiern, halte ich eine kleine aber dafür sehr hochwertige Stückzahl an Trikots und weiteren Merchandise Artikeln für Sinnvoll. Des Weiteren schafft der Verein somit eine gewisse Exklusivität der Mitglieder, Interessenten so wie Fans. Wichtig ist es das Gefühl zu vermitteln, dass das Geld Sinnvoll investiert wurde.

Folgende Preise wurden mit den Produzenten Abgesprochen, und zum Verkauf erstellt.

Tabelle 1Preisdarstellung

Artikel	Trikot	Jubiläumstrikot	Cap	Jubiläumsturn-beutel
Preis EK	10€	12€	5€	3€
Preis VK	40€	45€	20€	15€
Preis VK Mit-glieder	35€	40€	15€	10€

Bei den VK Preisen wurde sich an dem Sportklamotten Hersteller Adidas orientiert, der Grund dafür ist das diese Marke Preislich gesehen meines Erachtens nach Fair aber dennoch nicht zu günstig ist (VK Preise von Adidas, siehe Literaturverzeichnis).

2.5 Kanäle

Den Vertrieb der Produkte Übernimmt der Volleyballclub, hierfür wird an Events, Spieltagen als auch in der Gastronomie ein Stand aufgebaut in welchem die Artikel zu erwerben sind. Des Weiteren werden die Artikel in kleinen Broschüren welche ebenfalls über die zuvor genannten Wege verteilt werden nochmals beworben. Dabei werden die Jubiläumsartikel als erstes auf der Vorderseite der Broschüre angezeigt.

2.6 Begleitmaßnahmen

Da der Volleyballverein schon lange existiert und in einer Stadt mit einer kleinen Einwohnerzahl liegt wird auf eine Große Marketingaktion mit externer Verzichtet. Stattdessen wird sich auf eine Kommunikation durch Werbung im Verein, mit Werbebannern, Broschüren und einer Bewerbung über Instagram, Facebook etc. geeinigt. Die Mitarbeiter des Vereins sorgen ebenfalls für die Vermarktung der angebotenen Produkte, in dem diese auch in dem Merchandise arbeiten werden, und somit aus erster Hand über die Qualität des Produktes berichten können außerdem dienen diese somit als laufende Werbeflächen.

2.7 Zeitraum

Der Verkauf des Merchandise startet bereits im Juli 2021 und endet zum Dezember 2021. Der Volleyballsaisonstart der 1.Liga ist bei den Frauen am 03.10.21 (Volleyball verband, 2021) die Männer starten nur zwei Wochen danach am 17.10.21 (Volleyball verband, 2021). Ich Empfinde diesen Zeitraum als Optimal zum Verkauf von dem eigenen Merchandise. Durch das Sommerliche Wetter am Verkaufsstart ist es sinnig sich ein Trikot zu kaufen, das Merchandise bis über den Volleyball Saisonstart der 1.Liga weiterhin zu verkaufen soll dazu dienen den Mitgliedern erneut einen Anlass zu geben um Volleyball bezogene Klamotten zu erwerben. Das Jubiläumsmerchandise wird jedoch nur in dem Monat des 30. Jubiläums vom Volleyballverein verkauft. Hierdurch soll den Käufern suggeriert werden das diese Trikots nur für eine sehr kurze Zeit erwerbbar sind. Falls das normale Merchandise gut ankommt, wird jedes Jahr zum Sommerstart bis zum Saisonstart welches mit leichten Änderungen an den Trikots, Caps, Kugelschreibern und Flaschenöffnern verkauft.

3 Digitalisierung

3.1 Verein Vorstellung

Tabelle 2 Verein Vorstellung

Vereinsangebot (Kernangebot des Vereins)	Jugend Fußballverein (JFV)
Mitgliederzahl	1200
Anzahl bezahlter Mitarbeiter	25
Anzahl Ehrenamtlicher Arbeiter	50

3.2 Zielgruppen und Marketingziele

Die primäre Zielgruppe der App sind die Vereinsmitglieder, diese sollen mit Hilfe der App eine bessere Übersicht über Zukünftige Spiele, Aufstellungen, Spielzeiten und gegnerische Teams haben, außerdem kann die App auch zum Austausch innerhalb des Vereins genutzt werden. Das Marketingziel ist das Verschaffen einer besseren Übersicht vom Spielgeschehen und angehenden Veranstaltungen, dadurch will der Verein die Mitglieder an sich binden und im besten Fall mehr Mitglieder generieren um bei der großen Auswahl anderer Vereine gut abzuschneiden. Die zweite Zielgruppe sind die Fans, ähnlich wie bei den Vereinsmitgliedern sollen auch die Fans eine Übersicht der nächsten Spiele erhalten. Außerdem können die Fans über neues Merchandise informiert werden und sich ihre Tickets direkt über die App kaufen. Das Marketingziel hierbei ist die Bindung bestehender Fans und im besten Fall der erhalt neuer Fans.

3.3 Inhalt der App Themen und Mehrwerte

Tabelle 3 Inhalt der App Themen und Mehrwerte

Themen	Mehrwert für den Kunden	Mehrwert für den User
Live Ticker	Spiele können jederzeit von Überall mitverfolgt werden, dadurch können	Das Spielgeschehen von Überall kostenlos mitverfolgen.

	Fans welche nicht vor Ort sein können dennoch das Spielgeschehen beobachten und sich somit mehr an den Verein binden.	
Merchandise/Ticketverkauf	Durch mehr Bequemlichkeiten für Fans und Mitglieder wird eine stärkere Bindung aufgebaut, außerdem Kann der Verein sämtliche Käufe und Verkäufe leichter Nachvollziehen. Und dadurch leichter Analysieren welches Produkt sich gut verkauft, Erwerb von Tickets (Fans) und welche Art von Sportausrüstung am ehesten neu benötigt wird (Mitglieder)	Merchandise kaufen ohne vor Ort sein zu müssen, Erwerb von Tickets (Fans). Sportausrüstung über den Verein nachbestellen ohne vor Ort sein zu müssen (Mitglieder).
Kommunikation	Leichtere Kommunikation innerhalb des Vereins z.B. vom Trainer zu den Mitgliedern. Klare Abgrenzung zwischen Social Media (Facebook, Whatsapp etc.) und Vereinsrelevanten dingen (Mitglieder). Den Fans eine Plattform geben auf welcher sie mit gleichgesinnten über den Verein sprechen können (Fans), dadurch Bindung stärken.	Als Fan wird eine Plattform eröffnet in der über alles Vereinsrelvante debattiert werden kann, dadurch kann das Gemeinschaftsgefühl gestärkt werden. Als Mitglied habe ich einen direkten Kommunikationsweg z.B. zum Trainer.
Vereinsneuigkeiten	Alle Mitglieder und Fans jederzeit auf den neuesten Stand rundum den Verein bringen	Immer auf dem neuesten Stand im Bezug auf den Verein sein.

3.4 Chancen und Risiken

Chancen:

-Mehr Mitglieder/Fans generieren

Durch die Nutzung der App sollen die Mitglieder und Fans einfacher in das Vereinsgeschehen integriert werden. Dadurch soll eine stärkere Bindung aufgebaut werden, außerdem soll das Wohlbefinden von den Mitgliedern und Fans gesteigert werden. Dadurch ist es Wahrscheinlicher das sowohl Mitglieder als auch Fans gerne über den Verein sprechen und somit durch Mundpropaganda mehr potentielle Mitglieder als auch Fans für den Verein begeistern können

-Verbesserung/Vereinfachung Vereinsinterner Prozesse

Der Verein kann die App sehr gut dazu nutzen um mit Mitgliedern und Fans in Verbindung zu bleiben. Wichtige Informationen wie zukünftige Spiele, Aufstellungen, Ticketpreise etc. können so schneller und leichter mit den entsprechenden Parteien kommuniziert werden.

Risiken:

-Unter Umständen zusätzliche Kosten

Eine App muss um aktuell zu bleiben auch von jemandem bespielt werden, hier bietet es sich an einen Mitarbeiter damit zu beauftragen. Das Risiko hierbei ist das unter Umständen der zuvor behandelte Bereich des Mitarbeiters durch weniger Zeit in Mitleidenschaft gerät. Die zweite Optionen wäre es jemand externes dafür Anzustellen und mit der Aufgabe vertraut zu machen. Das Risiko hierbei ist das erst jemand geeignetes gefunden werden muss, außerdem kommen dadurch zusätzliche Kosten auf den Verein zu.

-Überforderung der Mitglieder/Fans mit der App

86% der Deutschen ab 14Jahren besitzen ein Smartphone (statista,2020). Davon bilden die 14- bis 49-Jährigen 97% (statista,2020), jedoch geht der Anteil der Smartphone Nutzer mit steigendem Altem zurück, bei den über 70-Jährigen liegt der Anteil bei nur noch 52% (statista,2020). Dadurch stellt ein Risiko die Verfügbarkeit der App für jede Altersgruppe dar. Außerdem kann es geschehen das nicht jeder auf anhieb mit der App zurecht kommt und dadurch die Nutzung schon nach wenigen malen einstellt.

3.5 Erhöhung Bekanntheitsgrad und Anzahl der User

Die erste Möglichkeit den Bekanntheitsgrad der App zu erhöhen ist es sie während der Spiele zu bewerben, hierbei bietet es sich an durch Absprache mit Sponsoren die Banden des Spielfeldes mit Werbung für die App auszustatten. Des Weiteren kann die App intern durch die Spieler weiterempfohlen werden, im zweiten Schritt werden zufriedene App-User wissentlich oder unwissentlich durch Mundpropaganda die App weiterhin bewer-ben, es soll erreicht werden das die App sich über die Zeit selbst bewirbt. Im Vereinsheim soll durch Broschüren und das Abspielen auf den Vereinsmonitoren die App nochmals beworben werden. Als vierte Möglichkeit die App zu bewerben würde ich den Weg über Social Media nehmen, hier kann auf dem Vereinsaccount z.B. auf Instagram ein Beitrag erstellt werden, im nächsten Schritt kann dieser Beitrag durch das Aktivieren eines Un-ternehmensaccounts beworben/ hervorgehoben werden. Unter der Funktion des Hervor-hebens hat man die Möglichkeit den Beitrag Zielgruppenspezifisch anzupassen (Florian Litterst, adsventure,2017). Dadurch hat der Verein die Möglichkeit für vergleichsweise wenig Geld (Budget kann selber festgelegt werden) viele Personen auf ihre App aufmerk-sam zu machen.

4 Sponsoring

Bei dem Wirtschaftsunternehmen handelt es sich um einen Nahrungsergänzungsmittel-hersteller. Die Produktpalette besteht hauptsächlich aus Power Gel, Powerriegeln, Isoto-nische Getränke und Proteinpulver. Die Zielgruppen des Unternehmens sind Vorrangig Ausdauerathleten, sowohl Profi als aus Hobby Sportler. Nicht nur Einzelsportler sondern auch Teamsportarten welche mit hohen Ausdauerbelastungen zu tun haben werden als Zielgruppe angesehen. Durch die Bereitstellung der Hauseigenen Nahrungsergänzungs-mittel (wird im weiteren Text als Supplements zu Deutsch Nahrungsergänzungsmittel genannt) für die Teilnehmenden Athleten soll ein positives Bild der Marke nach außen transportiert werden, außerdem gibt es für die Zuschauer des Events Kostenlose proben der Supplements. Des Weiteren wird durch Werbe Banner am Start und Ziel nochmal auf das Wirtschaftsunternehmen hingewiesen. Alle Zuschauer können sich zu dem einen Rabatt auf das gesamte Sortiment des Supplementherstellers sichern indem sie den QR-Code auf ihrem Ticket mit ihrem Smartphone einscannen. Die Supplementmarke konnte sich bereits im Vorhinein einen Namen im Bereich des Ausdauersports machen hierzu wurde Marketing durch Werbung in den verschiedenen Social-Media-Kanälen Zielgruppen spezifisch angewendet. Außerdem hat sich die Marke im regionalen Raum durch Mundpropaganda bereits etabliert. Die Zuschauer haben die Möglichkeit die beworbenen Supplements direkt vor Ort zu erwerben. Der Rabatt über das Ticket gilt hier auch. Ein Vorteil durch das direkte erwerben vor Ort ist das der Rabatt größer wird und der QR-Code nicht eingescannt werden braucht, dadurch sollen die Zuschauer die Möglichkeit besitzen auch von Zuhause aus nach der Veranstaltung weiterhin ihren Rabatt zu behalten unabhängig davon ob sie etwas vor Ort erworben haben oder nicht. Die Psychologischen Ziele des Unternehmens beinhalten auf Kognitiver Ebene die Markenbekanntheit des Unternehmens weiterhin zu fördern. Durch die Rabattaktionen und kostenlosen Proben soll ein großes Publikum erreicht und durch Kundenzufriedenheit an die Marke gebunden werden. Davon profitiert auch die Markenbekanntheit da eine positive Bewertung eines Produktes leicht zu Mundpropaganda für das Unternehmen führen kann im dadurch werden mehr potentielle Kunden auf die Supplements aufmerksam. Durch das bereitstellen der Supplements soll auch ein affektives Ziel erreicht werden, denn bei der heute vorhandenen Erlebnisorientierung kann man sich eher durch Produktimages als durch Produkteigenschaften von den Mitbewerbern abheben (Weinberg/Diehl, 2005). die Zuschauerschaft soll sehen das die Athleten welche den Marathon bestreiten auf die Supplements des Unternehmens setzen dadurch soll Vertrauen und Akzeptant der Zielgruppe in Bezug auf das Unternehmen geschaffen werden. Nach Analyse der Schnittmengen der Zielgruppen, lässt sich eine Sportbegeisterung und das Interesse am Laufsport als Gemeinsamkeit herausstellen. Des Weiteren wird es noch andere Unternehmen welche sich auch auf den Laufsport konzentrieren vor Ort geben, die gemeinsame Schnittstelle findet sich darin das auch diese Unternehmen Sponsorings zur Kundengewinnung getätigt haben. Diese Unternehmen kann man durch gleiches Interesse auch als Kooperationspartner gewinnen, wodurch die eigene Marke an Beliebtheit gewinnen kann. Die Sponsoring-Einzelmaßnahmen beginnen damit jedem Athleten ein viel Erfolg Paket zu erstellen, in diesem sind die Supplements der eigenen Marke enthalten welche in einem on der Marke gebrandeten Turnbeutel enthalten vom Athleten genutzt werden. Die zweite Einzelmaßnahme bezieht sich auf die Zuschauer, diese erhalten von Mitarbeitern de Firma über das Geländer ver-

teilt Kostenlose Proben und werden auf ihren Rabattcode hingewiesen. Als dritte Maßnahme, werden Isotonische Getränke von Mitarbeitern des Unternehmens an den Stre-
ckenverpflegungspunkten an die Läufer ausgeteilt. Die vierte Maßnahme werden Banner
und Anzeigewerbungen auf der Strecke platziert, diese Zeigen die Produkte und die Athleten welche diese Nutzen. Als letzte Maßnahme wird der Stand des Unternehmens dfür
genutzt um die Produkte vor Ort zu vermarkten und als Anlaufstelle für potentielle Kooperationspartner. Als Erfolgskontrolle des Sponsorships wird sich für eine Effizienzkon-
trolle entschieden, bei dieser werden die Kosten und der Nutzen gegenübergestellt und
analysiert. Außerdem wird auf erfolgreiche oder nicht erfolgreiche Verknüpfung mit Ko-
operationspartnern geschaut. Bei den hohen Ausgaben welche durch die starke Außen-
werbung und den Kostenlosen Proben so wie den Rabattierungen entstanden sind halte
ich diese Form der Erfolgskontrolle am Sinnigsten.

5   Literaturverzeichnis

Bagusat, A., Hermanns, A. (2012). *Grundlagen des Sportsponsorings*. Galli, Elter,
Gömmel, Holzhäuser, Straub (Hrsg.)

Eintracht Frankfurt (2021) *Titel, Tränen und Triumphe – Die Eintracht Chronologie*
Zugriff am 10.05.2021 Nachzuschauen unter https://museum.eintracht.de/meilensteine/

Florian Litters Adventures (2017) *WIE DU MIT EINEM INSTAGRAM BUISINESS-
PROFIL BEITRÄGE BEWERBEN KANNST*
Zugriff am 14.05.2021 Nachzuschauen unter: https://www.adsventure.de/instagram-bu-
siness-profil-beitraege-bewerben/

Geissblock Köln (2018) *DOPPELTER TRIKO- REKORD: ÜBER 70.000 FÜR SIEBEN OUTFITS*
Zugriff am 11.05.2021 Nachzuschauen unter: https://geissblog.koeln/2018/05/doppelter-trikot-rekord-ueber-70-000-fuer-sieben-outfits/

Hungenberg, H., Wulf, T. (2003). *Gestaltung der Schnittstelle zwischen strategischer und operativer Planung*. Gießen

Peter Weinberg, Sandra Diehl (2005) *Erlebniswelten für Marken*. Springer Fachmedien

Stadt Köln (2018) *Einwohnerentwicklung 2018 Kölns Wachstum setzt sich fort: Gestiegene Zuzüge kompensieren Abwanderungen ins Umland*
Zugriff am 11.05.2021 Nachzuschauen unter: https://www.stadt-koeln.de/mediaasset/content/pdf15/statistik-einwohner-und-haushalte/einwohnerentwicklung_2018_k%C3%B6lns_wachstum_setzt_sich_fort_ew_pk_4_2019.pdf

Statista (2021) *Anteil der Smartphone-Nutzer in Deutschland in den Jahren 2012 bis 2020*
Zugriff am 12.05.2021 Nachzuschauen unter: https://de.statista.com/statistik/daten/studie/585883/umfrage/anteil-der-smartphone-nutzer-in-deutschland/

Transfermarkt (2021) *Spieler Profil Julian Nagelsmann*
Zugriff am 10.05.2021 Nachzuschauen unter: https://www.transfermarkt.de/julian-nagelsmann/erfolge/trainer/8402

Transfermarkt (2021) *Spieler Profil Niklas Süle.*
Zugriff am 10.05.2021 Nachzuschauen unter: https://www.transfermarkt.de/niklassule/profil/spieler/166601

Transfermarkt (2021) *Daten und Fakten Bundesliga*
Zugriff am 10.05.2021 Nachzuschauen unter: https://www.transfermarkt.de/1-bundesliga/daten/wettbewerb/L1/sort/mitglie-der.desc

TSG-Hoffenheim (2021) *HISTORIE VON DER GRÜNDUNG BIS HEUTE*

Zugriff am 10.05.2021 Nachzuschauen unter https://www.tsg-hoffenheim.de/tsg/der-club/historie/

Unsere Kurve (2021) *50+1 Regel*
Zugriff am 10.05.2021Nachzuschauen unter: https://www.unserekurve.de/blog/die-50-1-regel/

TSG-Hoffenheim *UNSERE ZENTRAN UND STANDORTE*
Zugriff am 11.05.2021 Nachzuschauen unter: https://www.tsg-hoffenheim.de/teams/tsg-akademie/zentren/ueberblick-akademie-zentren/

Volleyball Verband (2021) *Spielpläne für die Saison 2020/21 veröffentlicht*
Zugriff am 12.05.2021 Nachzuschauen unter: https://www.volleyball-verband.de/de/re-daktion/2020/juli/vbl--spielplaene-fuer-die-saison-2020-21-veroeffentlicht

VK Preise Adidas Zugriff am 11.05.2021: https://www.adidas.de/volleyball-tri-kots?af_channel=Search&af_reengagement_window=30d&c=IMC-DE-adidas-Clothing%26Shoes-Sport-G-Exact_midfunnel&cm_mmc=AdieSEM_Google-_-IMC-DE-adidas-Clothing%26Shoes-Sport-G-Exact_midfunnel-_-IMC-Volleyball-Trikots-_-volleyballtrikots&cm_mmca1=DE&cm_mmca2=e&gclid=CjwKCAjwv_iEBhASEi-wARoemvDER4R2JhOtms5KUUCWndp-YRjGuhvV4AmA1ukKgDE1M5PGkTIxkE-hoCveMQAvD_BwE&gclsrc=aw.ds&is_retargeting=true&pid=googleadwords_temp

6 Abbildungs- und Tabellenverzeichnis

6.1 Abbildungsverzeichnis

/

6.2 Tabellenverzeichnis

Tabelle 1 Preisdarstellung...10
Tabelle 2 Verein Vorstellung..12
Tabelle 3 Inhalt der App Themen und Mehrwerte...12